AF258275

PARIS

SOUS

LA COMMUNE

PRIX : 20 CENTIMES

PARIS

TYPOGRAPHIE MORRIS PÈRE ET FILS

64, RUE AMELOT, 64

1871

PRÉFACE

Il n'entre pas dans nos vues d'écrire ici l'histoire de la Commune, notre but consiste à donner une esquisse rapide des faits en les accompagnant d'une exhibition de vues photographiées sur les lieux.

EXPLICATIONS

DES

PHOTOGRAPHIES SUR VERRES

PRÉSENTÉES PAR L'APPAREIL AGIOSCOPIQUE

PREMIÈRE PARTIE

Le 3 avril, on entendit à Paris le bruit de la canonnade, et bientôt on apprit que les fédérés avaient marché sur Versailles et s'étaient emparés des hauteurs de Châtillon. Mais en même temps la rumeur se répandait qu'ils avaient été repoussés de Courbevoie et rejetés sur Neuilly.

La guerre civile, terrible, sans miséricorde, avait commencé, il n'y avait plus à espérer ni trêve ni pitié entre les deux partis.

Vue du pont de Neuilly.

Ce pont traverse la Seine au bout de l'avenue de la Grande-Armée : c'est le seul pont que le siége ait laissé intact ; sous le feu du Mont-Valérien, il devint un point stratégique de la plus haute importance. Le 5 avril, les Versaillais s'en emparèrent et Neuilly devint alors le véritable lieu du combat.

Vue de Courbevoie.

Mais les fédérés, pour répondre au feu du Mont-Valérien, avaient établi leurs batteries à la porte Maillot ; leur tir cependant ne portait pas assez loin et n'atteignait que Suresnes et Puteaux, qu'ils rendaient inhabitables.

Vue de la rue Peyronnet.

Sur aucun point de la banlieue le combat ne fut plus terrible qu'à Neuilly; la lutte y dura deux mois d'une rue à l'autre, et d'une maison à l'autre. Tantôt les Versaillais prenaient une barricade, le même jour les fédérés la reprenaient, et ainsi de suite de jour en jour, d'heure en heure. La partie de la rue Peyronnet que nous vous présentons est le coin où le combat fut le plus terrible. Les obus y trouaient chaque maison, et on s'y disputait chaque pouce de terrain.

Une maison de la rue Peyronnet.

Cette maison, que les boulets ont émiettée, est une image réelle de l'animosité des combattants.

Pont de la Grande-Jatte.

Ce pont traverse l'île de la Grande-Jatte, qui partage la Seine près de Neuilly en deux bras. Pendant le premier siége, ce pont fut détruit. Les fédérés prétendaient avoir cerné dans cette île un corps complet de gendarmes et de gardiens de la paix.

Le fort d'Issy.

On sait que le Comité central, profita, le 19 mars, du départ précipité du gouvernement pour s'emparer des forts du Sud et pour les armer. Ces forts, tant bombardés pendant le premier siége, passaient pour intenables; néanmoins les fédérés s'y maintinrent pendant deux mois malgré le feu terrible des troupes régulières. Les premiers jours de mai, le fort d'Issy étant devenu un amas de décombres fut évacué, par les fédérés.

Le fort de Vanves.

Le fort de Vanves, qui est tout proche, succomba bientôt

après. Mais les Versaillais, sachant qu'on l'avait miné, ne l'occupèrent que le vingt mai.

Le fort de Montrouge.

Il fut seulement pris après la reddition de Paris. Un obus versaillais tomba dans la poudrière, qui sauta et réduisit une partie du fort en ruines.

Montrouge.

Ce faubourg malheureux n'est plus qu'un amas de décombres.

Pont de Sèvres.

Détruit pendant le premier siége, ce pont fut célèbre sous le nom de pont des Parlementaires.

C'est là que les envoyés d'Allemagne et de France se rencontrèrent. Chacun sait que chaque fois qu'une communication devait avoir lieu entre les belligérants, au son du clairon et à la vue du drapeau blanc, le feu cessait immédiatement de part et d'autre.

Batterie de Breteuil.

Non loin de Neuilly, les Versaillais avaient établi cette batterie, dont les canons battaient en brèche les remparts de l'ouest de Paris.

Saint-Cloud.

Le long de la Seine, on arrive à Saint-Cloud, qui est dominé par les hauteurs de Montretout, où les troupes du gouvernement avaient établi leurs plus fortes batteries.

Château de Saint-Cloud.

Ce château royal fut mis en flammes pendant le premier siége par le Mont-Valérien, car on présumait que l'état-major prussien s'y était installé.

Grande salle du Château.

Les salles intérieures, peintes par Mignard, Lebrun,

Coyppel et Vernet, contenaient une précieuse collection d'objets d'art. On n'y voit plus que des colonnes brisées que les flammes ont noircies. Ces deux vues nous ont paru intéressantes à mettre sous les yeux du spectateur.

Entrée du château de Bécon, à Asnières.

Mais l'attaque du Mont-Valérien ayant échoué, les fédérés s'étaient repliés sur Neuilly et Clichy. Le général Dombrowski cherchait à s'emparer définitivement d'Asnières, aidé par les wagons blindés il s'y soutint quelque temps.

Château de Bécon.

Cependant une attaque des Versaillais suffit pour s'emparer de cette position importante où le général Vinoy établit une batterie de siége.

Gare d'Asnières.

Protégés par les wagons blindés, les fédérés toutefois résistent quelque temps dans le port d'Asnières et dans une fabrique de produits chimiques située près de la gare.

Tête du pont d'Asnières.

C'est alors qu'une attaque subite des Versaillais repoussa les fédérés dans les dernières maisons d'Asnières qui forment la tête du pont; ainsi exposés au feu de Bécon et cernés par les Versaillais, ils furent obligés d'avoir recours à la fuite.

Pont d'Asnières.

Mais, par suite de la destruction du pont d'Asnières pendant le premier siége, ils durent avoir recours au pont du chemin de fer; il était si peu praticable, que les fédérés se sauvèrent en désordre sur un pont de bateau érigé à la hâte. Ce jour-là, Paris était près d'être pris, et les troupes du gouvernement auraient pu s'avancer jusqu'aux portes si les chefs des fédérés ne s'étaient décidés rapidement à couper le pont de bateaux; dès lors une grande partie des fédérés resta sur l'autre rive, et la poursuite devint impossible.

Batterie de la Tour.

Les Versaillais une fois maîtres d'Asnières, campèrent dans la maison dite de la Tour ; ils y érigèrent une nouvelle batterie, qui dominait Clichy, Batignolles jusqu'au pied de Montmartre. Alors commença le combat d'artillerie qui mit Asnières en ruines.

Un poste dans le village.

Cette petite vue donne à peu près le tableau actuel du village autrefois si beau et si gai, le rendez-vous de la jeunesse parisienne, et pendant que le tir des fédérés détruisait les localités de la rive gauche de la Seine, les obus de l'autre camp tombaient sans cesse sur Auteuil et le Point-du-Jour.

Viaduc du Point-du-Jour.

C'est là certainement le point le plus faible de Paris, car ici la Seine traverse les forteresses. Aussi comprendra-t-on facilement pourquoi les Versaillais cherchaient à s'en rendre maîtres.

Grande rue du Point-du-Jour.

Voici quelques vues d'Auteuil, le faubourg aristocratique de Paris.

Bastion d'Auteuil.

Ce bastion, comme ceux du voisinage, tint tête aux batteries du bois de Boulogne pendant le premier mois, mais il fut évacué après l'arrivée des Versaillais. Les canons étaient démontés et les ouvrages fort endommagés.

Maison Thiers, à Paris.

Les ruines, que les combats faisaient dans les environs de

Paris ne suffisaient pas à la Commune, elle en fit dans l'intérieur de la ville. Impuissante à se venger sur ses adversaires, elle se prit aux objets qui leur étaient chers. Le premier coup était destiné à la maison de M. Thiers.

Rue de la Paix avec la Colonne.

Après vint le tour de la Colonne, vouée à la destruction depuis le 4 septembre, et dont la Commune voulait la chute. Elle fut érigée par Napoléon Ier en 1810, en souvenir de la campagne de 1805 avec les canons pris à Austerlitz ; elle était le monument national, cher à tous les Français, et non pas la propriété exclusive de la ville de Paris.

Chute de la Colonne.

Les travaux préparatoires durèrent dix jours, et le 20 mai la colonne tomba, à 5 heures 35 du soir ; on l'avait coupée au-dessus du piédestal, elle penchait en peu de côté et tomba avec fracas vers la rue de la Paix. Par le contre-coup, la tête de la statue de Napoléon dont elle était surmontée se mutila.

Ruines de la Colonne.

La Commune avait décidé de convertir la Colonne en gros sous, mais les Versaillais furent à Paris avant qu'ils n'eussent le temps de mettre ce projet à exécution. L'Assemblée nationale a voté la reconstruction de la Colonne, surmontée de la statue de l'empereur comme par le passé.

Porte de Versailles au Point-du-Jour.

Les Versaillais entrèrent par cette porte le dimanche 21 mai, à 3 heures. Les assiégés, décimés par le feu continuel des assiégeants, avaient abandonné les remparts. Le capitaine Trèves, renseigné, s'avança avec un détachement de marins, et il entra dans Paris, où il surprit les quelques fédérés qu'il trouva sur les remparts.

Porte Maillot.

Puis les troupes s'avancèrent sans résistance jusqu'à la porte Maillot et s'en emparèrent sans coup férir.

La Barricade.

Derrière la porte Maillot est le chemin de fer de Ceinture; les fédérés avaient fait sauter les tunnels et y avaient construit une barricade formidable. Mais cette seconde ligne de défense n'était pas mieux gardée que la première, et le général Douay la passa facilement.

Arc-de-Triomphe de l'Étoile.

Et de cette façon il arriva facilement à l'Arc-de-Triomphe, où il construisit des batteries qui balayaient les Champs-Élysées jusqu'aux Tuileries.

Bas-reliefs de la Marseillaise.

Ce célèbre chef-d'œuvre de Rude orne le bas de l'Arc-de-Triomphe; il échappa heureusement à la destruction.

Lac du bois de Boulogne.

Le soir l'armée campa sur les bords du lac.

Hôtel des Invalides.

Il fut pris dans la nuit du dimanche 21 mai par les troupes du général de Cissey; dès cet instant le succès de l'armée n'était plus douteux, maîtresse qu'elle était de la partie sud de Paris. Le seul soin du maréchal commandant en chef fut dès lors d'épargner les soldats le plus possible.

Portraits.

A gauche, Assi, le membre célèbre du Comité central, prisonnier à Versailles ; au milieu, Raoul-Rigault, procureur de la Commune, qui fit exécuter les otages. Il fut fusillé le 26 mai, rue Gay-Lussac; à droite Gustave Flourens, l'auteur des faits relatifs au 31 octobre, au 22 janvier et au 18 mars, tué le 5 avril à Rueil, après les combats du Mont-Valérien.

A gauche, le cordonnier Gaillard, commandant du génie de la Commune; au milieu, Razoua, membre de la Commune en fuite; à droite, Dombrowski, généralissime de la Commune, tué le lundi 22 mai à la barricade de la rue d'Ornano.

A gauche, Vésinier, membre de la Commune: au milieu, Courbet; à droite, Millière, membre de l'Assemblée nationale, fusillé au Panthéon.

Le général la Cécilia; au milieu, Régère, membre de la Commune; à droite, Lefrançois, membre de la Commune.

DEUXIÈME PARTIE

Place de la Concorde.

Un combat terrible fut livré le lundi matin sur cette place, une des plus belles du monde. Des deux côtés on se canonnait; heureusement l'obélisque, qui se trouve au milieu, ne fut pas atteint.

Les fontaines de la place de la Concorde.

Les fontaines eurent moins de chance : elles furent fort abîmées ; des barricades formidables, de vrais bastions entouraient la place. Elles furent construites par ordre de la Commune, sur la proposition de Gaillard, qui avait la direction des barricades.

Ministère des Finances.

Le lundi, des obus lancés du Trocadéro l'avaient incendié, mais on l'avait éteint. Le lendemain, le feu éclata de nouveau avec force et anéantit tout.

Barricade de Saint-Florentin.

Cette barricade forme une partie du système de défense de la place de la Concorde, de nombreux fédérés y furent fusillés.

Le palais des Tuileries avant sa destruction.

L'Arc-de-Triomphe du Carrousel resta complétement épargné, quoique la place où il s'élève fût littéralement jonchée de balles et d'obus.

Ruines des Tuileries.

Le palais brûla, depuis le mardi; de la partie faisant face aux Champs-Élysées, il ne reste que les murs.

Pavillon de Flore.

Reconstruit par Napoléon III, une partie devint aussi la proie des flammes.

Salon de l'Horloge.

Une des plus riches salles des Tuileries. Les flammes n'épargnèrent que les statues dans les niches.

Salle des Maréchaux.

Cette salle, destinée aux grandes fêtes de réception, contenait tous les portraits des grands maréchaux de France.

La bibliothèque du Louvre.

Les fédérés mirent le feu à cette magnifique bibliothèque, mais tout put être sauvé.

Le Louvre.

Ce musée, l'orgueil du monde civilisé, fut heureusement épargné. On tremble en pensant aux trésors sans nombre qui étaient exposés au feu au moment de cette dévastation.

Quai du Louvre.

Le 24 mai, la colonne du général Vinoy se mit là en ordre, pour attaquer la barricade de la tour Saint-Jacques.

Église Saint-Germain-l'Auxerrois et mairie du 1er arrondissement.

Sur cette place se livra un des combats les plus opiniâtres. Les fédérés y avaient mis le feu, et s'y défendirent une journée entière au milieu des flammes et des décombres.

Le Palais-Royal.

Les fédérés y mirent le feu le 22 mai, pour couvrir leur retraite sur le quartier des Halles.

Façade du Palais-Royal.

La façade a peu souffert, mais l'intérieur n'existe plus.

La Madeleine.

Les fédérés, rejetés de la rue Royale, se réfugièrent dans cette église. Les soldats les poursuivirent, en enfoncèrent les portes et les firent tous prisonniers.

Église de la Trinité.

Cette église, située au bout de la Chaussée-d'Antin, fut bombardée pendant toute la journée du mercredi.

Barricade de l'avenue Saint-Ouen.

Cette barricade fut prise, après un combat terrible, par les troupes du général Clinchant, qui put alors faire un mouvement sur Montmartre, pour s'emparer de ce point important. Une fois maîtres de Montmartre, les Versaillais y établirent des batteries pour bombarder les quartiers qui étaient encore entre les mains de la Commune.

La rue de Rivoli.

Le général Vinoy opérait le long de cette rue, pour débarrasser ce quartier jusqu'à l'Hôtel-de-Ville.

Ile de la Cité.

La Cité de Paris est concentrée dans une île qui contient les monuments principaux de la ville : Notre-Dame, la

Sainte-Chapelle, le Palais de Justice, l'Hôtel-Dieu et la Préfecture de Police. La plus grande partie de ces bâtiments devint la proie des flammes.

La tour Saint-Jacques.

Cette tour antique est située dans le diamètre de la rue de Rivoli et du boulevard Sébastopol; dans le jardin qui l'entoure eut lieu un combat de plusieurs heures qui couvrit le sol de cadavres.

L'Institut de France et le pont des Arts.

Sur la rive gauche de la Seine, ils ont été épargnés comme par un miracle.

Palais de la Légion-d'Honneur.

Ce palais, situé à au milieu du faubourg Saint-Germain et bordant la Seine, fut incendié par les fédérés.

Palais de la Cour des Comptes.

Le même destin arriva à ce palais, que Napoléon 1er fit construire pour son fils, le roi de Rome, et qui fut utilisé plus tard pour la Cour des Comptes.

Rues de Lille et du Bac.

Ces deux rues, les plus fréquentées du faubourg Saint-Germain, ne sont plus qu'un amas de décombres; dix-neuf maisons dans la rue de Lille et neuf dans la rue du Bac s'effondrèrent.

Rue de Lille.

L'incendie, nourri, par le pétrole, y consomma son œuvre.

Exécution des Dominicains.

Tournons-nous maintenant vers ces drames terribles qui ont ensanglanté l'agonie de la Commune. Le 19 mai, la Commune, prenant pour motif la loi sur les otages, fit arrêter dix-neuf dominicains, du couvent d'Arcueil. Le 24 mai, on les conduisit dans une maison de l'avenue d'Italie ; quelques instants après, on leur ordonna de sortir dans la rue, et, l'un après l'autre, ils tombèrent sous les balles des fédérés postés sur les deux côtés de la porte.

Exécution de l'archevêque Darboy.

Déjà la veille Monseigneur Darboy, archevêque de Paris, le curé de la Madeleine et plusieurs autres ecclésiastiques avaient été fusillés dans la cour de la Conciergerie.

Exécution des prêtres à Mazas.

Le 20 mai, quinze prêtres furent fusillés dans la cour de Mazas.

Bonjean, président de la Cour de cassation, fusillé avec Darboy.

Gustave Chaudey, rédacteur du *Siècle*, fusillé par ordre de la Commune, le 12 mai.

Incendie de Paris.

Aspect de Paris le 24 mai.

L'Hôtel-de-Ville avant la Commune.

L'Hôtel-de-Ville en feu, incendié pendant le combat, le 25 mai, n'est plus qu'une ruine, la plus imposante de Paris.

Boulevard Saint-Martin et ruines du Théâtre.

Après la prise de l'Hôtel-de-Ville, les fédérés se retirèrent dans le quartier du Temple, et sur les grands boulevards. Le boulevard Saint-Martin a souffert beaucoup du feu des Versaillais aussi bien que de celui des fédérés.

Canal de la Bastille.

Le jeudi 25 mai, le combat se concentra sur les bords du canal.

Place de la Bastille.

Cette place, une véritable forteresse, fut canonnée pendant 48 heures et coûta beaucoup de monde aux troupes. La colonne de juillet fut si endommagée qu'elle menaça ruine.

Grenier d'abondance.

Pendant le combat sur la place de la Bastille il prit feu. Ce vaste bâtiment servit autrefois de grenier aux boulangers, mais on l'avait transformé en dépôt de marchandises, et il contenait au moment de l'incendie pour treize millions de marchandises.

Intérieur du Grenier d'abondance.

Ces ruines ont un aspect pittoresque et montrent l'étendue du désastre.

Carrefour de la Croix-Rouge.

Après la prise du faubourg Saint-Germain, les troupes du général de Cissey se massèrent le long du carrefour qui passe pour être la clef du quartier latin.

Le palais du Luxembourg.

N'a pas souffert; les fédérés firent sauter cependant une poudrière dans l'orangerie avoisinante.

Le Panthéon.

Ce monument, voué à la gloire de la France, fut le centre d'un terrible combat:

Exécution de Millière.

Millière, membre de l'Assemblée nationale, fut fusillé sur les marches. M. de Montaux, témoin oculaire, raconte qu'il mourut en criant : Vive le peuple ! Vive l'humanité !

Les Pétroleuses.

Exaltées par la mort, ces femmes contribuèrent à l'incendie de tous les quartiers de Paris en versant le pétrole et le soufre.

Les Buttes Chaumont.

Se trouvent dans la partie nord de Paris au-dessus de Belleville ; elles furent le dernier refuge de l'insurrection.

Pont du Diable.

On s'y battit jusqu'au samedi soir et plusieurs centaines de fédérés y furent fusillés.

Cascade des Buttes-Chaumont.

On se battit avec fureur sur les rochers qui l'entourent.

Exécution des gardes nationaux dans la cour de la caserne Lobau.

La victoire des Versaillais étant complète, des exécutions sommaires eurent lieu.

Mais le gouvernement y mit fin, et plus de 30,000 fédérés furent conduits comme prisonniers à Satory.

Paris en feu.

Ainsi finit cette tragédie sanglante qui donna au monde le spectacle d'une des plus grandes insurrections vaincue par le droit et d'une des plus grandes capitales du monde incendiée par le plus sauvage des aveuglements.

3023 Paris. — Typographie MORRIS PÈRE et FILS, 64, rue Amelot.